AF463168

Lettres Patentes du Roy EN FORME D'EDICT,

pour la reuente en heredité des Offices de Commissaires à faire les roolles des Tailles & autres leuées de deniers, & de l'impost du Sel : Auec l'augmentation attribuée ausdicts Offices, par ladicte reuente.

Verifiées en la Court des Aydes en Normandie, le premier iour de Iuin, mil six cens vingt-deux.

A ROVEN.

DE L'IMPRIMERIE,

De MARTIN LE MESGISSIER, Imprimeur ordinaire du Roy, tenant sa boutique au haut des degréz du Palais.

M. D. C. XXII.

Auec Permission.

OVIS PAR LA GRACE DE DIEV, ROY DE FRANCE ET DE NAVARRE : A tous presens & à venir, Salut. Considerát que la vente des offices de Commissaires à faire les roolles & departemens des deniers imposez en vertu de noz commissions & assiettes particulieres, n'auoit peu estre à sa juste valeur en nostre Prouince de Normandie, Tant à l'occasion des mouuemens qui estoient lors, Que de l'arrest de nostre Cour des Aydes à Roüen, du vingt-septiesme Octobre mil six cés dixsept, portát que leſdicts Commiſſaires ne ſeroient eſtabliz pour faire les roolles de l'impoſt du ſel, & que les douze deniers à eulx attribuez ne ſeroient prins ſur ledit impoſt, ny ſur les deux ſols des Collecteurs des Tailles, les trois deniers des Receueurs, port des Commiſſions, ſignatures des roolles, & droicts leuez pour raiſon d'icelles, Ny ſur ce qui pourroit eſtre impoſé pour les affaires particulieres des parroiſſes. Nous auõs eſtimé que pour ſubuenir à la neceſſité preſente de noz affaires, & remplacer la grande faute de fondz qui ſe trouue dans noz finances, à cauſe des exceſſiues deſpences auſquelles ſommes obligez pour maintenir la tranquilité publique, Nous ne pourrions recepuoir meilleure propoſition, puis quelle n'apporte aucune diminution de noſtre reuenu ordinaire, Que celle de la reuente deſdicts Offices de Commiſſaires des Tailles & de l'Impoſt du ſel, & rendre les nouueaux adjudicataires deſdicts offices paiſibles jouiſſans deſdicts douze deniers pour liure, ſur tous les droicts fraiz & impoſitions reſeruez par ledict arreſt, & qui ſe leuent dans l'eſtenduë de leurs charges, veu meſmes que telle modiffication na eſté faicte en la veriffication de noſtre Edict d'attribution de ſix deniers pour liure aux Sergens des Tailles de noſtredicte Prouince, qui ſeroit les rendre de pire condition que leſdicts Sergens, quoy que leur fonction ſoit de beaucoup plus neceſſaire. A CES CAVSES, apres auoir faict mettre ceſte affaire en deliberation en noſtre Conſeil, où eſtoient aucuns Princes, Officiers de noſtre Couronne, & autres grands & notables perſonnages, De l'aduis d'iceluy, & de noſtre certaine ſcience plaine puiſſance & auctorité Royalle. Nous auós dict, ſtatué, & ordonné, diſons, ſtatuons & ordonnons, voulons & nous plaiſt, Que par les Commiſſaires qui ſeront à ceſte fin par nous deputéz, Il ſoit procede à la reuente en heredité de tous leſdits offices de Commiſſaires à faire les roolles de noz Tailles & autres leueés, & de l'impoſt du ſel, A la charge que les premiers acquereurs deſdits offices ne pourrót eſtre depoſſedez ſãs eſtre au prealable rẽbourſez des ſommes contenuës en leurs quictances de finance & contractz d'acquiſition, fraiz & loyaux couſtz, ſuiuant la liquidation qui en ſera faicte par leſdicts Commiſſaires, pour en jouyr par les nouueaux acquereurs audict tiltre d'heredité, ſoit qu'ils ſoient de noz officiers où autres noz ſubjectz, leurs ſucceſſeurs où ayans cauſe, fermiers où commis par leurs mains où les bailler à ferme, ainſi que bon leur ſemblera, Aux droictz de douze deniers pour liure de tout ce qui s'imposera dans l'estenduë de leurs charges, Tant pour le principal de la Taille, Creuës y joinctes, Taillon & solde, Creuë des garnisons, & autres leuées tant ordinaires qu'extraordinaires & de l'Impost du sel, soit pour communautez où autrement, gaiges, droictz d'officiers, & fraiz d'assiette, sans rien excepter de tout le contenu aux roolles que feront lesdicts Commissaires & autres fonctiõs à eux attribuées par l'Edict de leur creation, Sans qu'ils en puissent estre depossedez par reduction de deniers à rente ou autrement en quelque sorte & maniere que ce soit, Sinon en les rembourçant actuellemẽt comptãt & à vn seul payement des sommes contenuës en leurs quictances & contractz d'acquisition fraiz & loyaux coustz, suiuant la liquidation qui en sera faicte par lesdicts Commissaires. VOVLANS que les contractz qui en seront par eulx passez ausdicts nouueaux acquereurs, soient de telle force & vertu que s'ils estoient faicts & passez en nostre Conseil, lesquels nous auons validez & validons par cesdites presentes. SI DONNONS EN MANDEMENT à noz améz & feaux Conseillers, Les Gens tenans nostre Cour des Aydes à Roüen, que ces presentes ils facent lire, publier, & registrer, & le contenu en icelles garder & obseruer, sans qu'il y soit contreuenu en quelque sorte & maniere que ce soit, Nonobstant sondict arrest dudit iour vingtseptiéme Octobre mil six cens dixsept, & quelconques Edictz, ordonnances, declarations & reglemẽs au contraire, Ausquelles & aux derogatoires des derogatoires y contenuës, nous auons derogé & derogeons par cesdictes presentes, desquelles pour ce qu'on pourra auoir affaire en plusieurs & diuers lieux, Nous voulons qu'aux coppies collationnées foy ſoit adjouſtée comme au preſent original. EN teſmoing dequoy nous auons faict mettre noſtre ſcel à ceſdites preſentes. DONNE' à Paris au mois de Mars, l'an de grace mil ſix cens vingt deux, Et de noſtre regne le douzieſme. Signé, LOVIS. Et ſur le reply, Par le Roy, DE LOMENIE. Et ſcellé en lacs de ſoye en cire verte. Et ſur le reply eſt eſcript.

Regiſtré és Regiſtres de la Cour des Aydes en Normandie, Pour auoir lieu ſuyuant l'arreſt d'icelle du premier iour de Iuing, mil ſix cens vingt-deux. Signé, Foubert. cõmis.

EXTRAICT DES REGISTRES de la Cour des Aydes en Normandie.

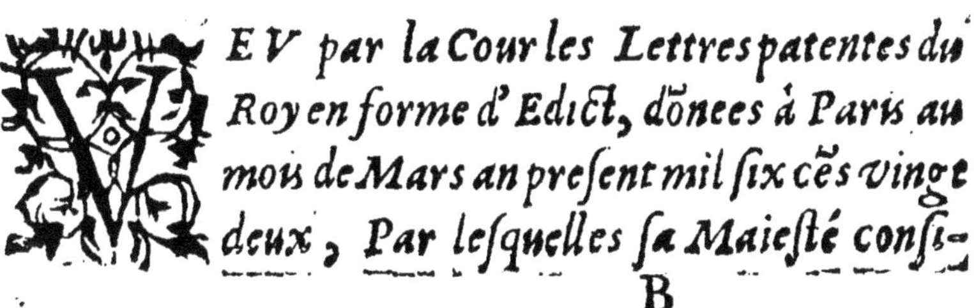

VEV par la Cour les Lettres patentes du Roy en forme d'Edict, dõnees à Paris au mois de Mars an preſent mil ſix cẽs vingt deux, Par leſquelles ſa Maieſté conſi-

derant que la vente des Offices de Commissaires à faire les roolles & departemens des deniers imposez en vertu des Commißions & aßiettes particulieres; n'auoit peu estre faicte à sa iuste valleur en ceste Prouince, Tant à l'occasion des mouuemens qui estoient lors, que de l'Arrest de la Cour du vingt-septiesme Octobre mil six cens dixsept, portant que lesdicts Commissaires ne seroient establiz pour faire les roolles de l'Impost du Sel, & que les douze deniers à eux attribuez ne seroient prins sur ledit Impost, ny sur les deux sols pour liure attribuez aux Collecteurs des Tailles, trois deniers des Receueurs, Port des Commißions & Mandemens, & autres droictz leuez pour raison d'icelles, N'y sur ce qui pourroit estre imposé pour les affaires particulieres des parroisses. Sadicte Majesté pour les causes y contenuës, De l'aduis de son Conseil, & veu que telle modification n'a esté faicte par ladicte Cour en la verification de l'Edict d'attribution de six deniers pour liure aux Sergents des Tailles desdictes parroisses, quoy que la fonction desdicts Commissaires soit de beaucoup plus necessaire. Veut & ordonne que par les Commissaires qui seront à ceste fin par elle depputez, Il soit procedé à la reuente en heredité de tous lesdicts Offices de Commissaires à faire les roolles desdictes Tailles, & autres leuees, & de l'Impost du sel, A la charge que les premiers acquereurs desdicts Offices ne pourront estre depossedez, sans estre au prealable remboursez des sommes contenuës en leurs quittances de finance & contractz d'acquisition, fraiz & loyaux coustz, suiuant la liquidation qui en sera faicte par lesdicts Commissaires, pour en jouyr par les nouueaux acquereurs audict tiltre d'heredité, soit qu'ils soient Officiers dudict Seigneur ou autres ses subjectz, leurs successeurs, où ayans cause, fermiers où commis par leurs mains, où les bailler à ferme ainsi que bon leur semblera, aux droictz de douze deniers pour liure de tout ce qui s'imposera dans l'estenduë de leurs charges, Tant pour le principal de la Taille, Creuës y joinctes, Taillon, & solde, Creuës des Garnisons, & autres leuées tant ordinaires que extraordinaires, & de l'Impost du sel, soit pour communautez ou autrement, gaiges, droictz d'Officiers, & fraiz d'assiettes, sans rien excepter de tout le contenu aux Roolles que feront lesdicts Commissaires, & autres fonctions à eux attribuées par l'Edict de leur creation, & sans qu'ils en puissent estre depossedez par reduction de deniers à rente où autrement, en quelque sorte & maniere que ce soit, sinon en les rembourçant actuellement comptant & à vn seul payement, des sommes contenuës en leurs quittances & contractz d'acquisition fraiz & loyaux coustz, suiuant la liquidation qui en sera faicte par lesdicts Commissaires, comme plus au long lesdictes Lettres le contiennent. Requeste presentée par le Procureur General du Roy aux fins de la veriffication d'icelles, & repris les Edictz de sadite Majesté portāt creation desdits Offices de Commissaires & Sergens des Tailles desdictes parroisses, auec attribution desdits droictz de douze deniers & six deniers, dés mois de Mars mil six cens dixsept, & Auril mil six cens vingt vng, & les Arrestz de verification d'iceux en ladicte Cour dudict vingt-septiesme Octobre six cens dixsept, & vingtiesme Aoust audict an mil six cens vingt vng, Et tout consideré. LA COVR A ordonne & ordonne, que lesdictes Lettres en forme d'Edict & Declaration dudict moys de Mars dernier seront leuës, publiées, & registrées pour auoir lieu, & le contenu en icelles executé, Et lesdicts douze deniers imposez sur les deniers qui seront leuez par Commissions du Roy, ainsi que les six deniers attribuez ausdicts Sergeans des Tailles, excepté sur lesdicts douze deniers, Et à la charge que les pourueuz desdits Offices se comporteront en l'exercice d'iceux : Conformément à l'Edict de leur creation & Arrest de verificiation dudict iour vingt-septiesme Octobre mil six cens dixsept, Et que la reuente desdicts Offices sera faicte en cestedicte Prouince par les Presidents

& Conseillers de ladicte Cour, presence dudict Procureur General. Faict en ladicte Cour des Aydes à Rouen, le premier iour de Iuing, mil six cens vingt-deux.

Signé, FOVBERT. *cõmis.*

LOVIS PAR LA GRACE DE DIEV, ROY DE FRANCE ET DE NAVARRE, A noz améz & feaux Conseillers Maistres Iean Dyel sieur Deshameaux, Conseiller en noz Conseils, & premier President en nostre Cour des Aydes de Roüen, Charles du Val sieur de Coupeauuille, Louys Marc sieur de la Ferté, Guillaume Michel sieur de Monchaston, Claude du Perron sieur de Benneuille, Iean Bigot sieur de Sommenil Conseillers en ladicte Cour, Et le Preuost nostre Aduocat General en icelle, Salut. Nous auons par nostre Edict du moys de Ianuier dernier, Ordonné la reuente des Offices de Commissaires des Tailles & Impost du sel par nous cy deuant creez, Pour l'execution duquel nostredit Edict estant besoing de commettre des personnes de suffisance & capacité, Nous pour l'entiere congnoissance que nous auons de voz integritez, suffisance, & grande experience. A CES CAVSES, Vous auons commis & deputez commettons & deputons par ces presentes, deux de vous en l'absence des autres, pour en nostre nom, & en vertu de nostredict Edict, proceder à la reuente desdicts Offices de Commissaires des Tailles & Impost du sel de noz generalitez dudit Roüen, & de Caen, par simples encheres, tiercemens, & doublemens, au plus offrant & dernier encherisseur : les solemnitez gardées & obseruées, soit en particulier par parroisses, où en general, selon que vous trouuerez nostre condition plus aduantageuse, suiuant les arrestz & reglemens donnez en nostre Conseil les seiziéme Decembre mil six cens dixsept, & neufiesme Iuing mil six cens dixhuict, Que nous voulons auoir lieu par tout le ressort de nostredicte Cour des Aydes. Pour d'iceux offices joüir par les nouueaux acquereurs du iour du remboursement faict aux antiens proprietaires, aux droicts de douze deniers pour liure sur tout ce qui s'imposera dans l'estenduë de leurs charges, Tant pour le principal de la Taille, creuës y joinctes, Taillon & ſolde, creuë des Garniſons, & autres leuées tant ordinaires & extraordinaires, gaiges, & droicts des officiers, Que generallement ſur tout ce qui ſera compris & employé és roolles & aſſiettes qu'ils feront, excepté ſur leurſdicts droicts de douze deniers ſeulement, A la charge neantmoins que les antiens acquereurs deſdicts Offices de Commiſſaires ne pourront eſtre depoſſedez qu'ils ne ſoyent prealablement rembourſez de la finance qu'ils verifieront par deuant vous auoir payée ſans fraude ny déguiſemēt, fraiz & loyaux couſtz : pour eſtre les deniers quiprouiendrōt de ladite reuēte payez & mis és mains de Maiſtre Edoüard de Ligny Treſorier de noz parties caſuelles où du porteur de ſes quictances, ſur leſquelles leur ſeront par vous expediez les contractz de reuente deſdicts offices, ſans qu'il leur ſoit beſoing d'obtenir d'autres prouiſions & ratiffications, n'y faire à l'aduenir qu'vn roolle, & vne cotte, tant pour la grande Taille, Taillon, & ſolde, creuë des Garniſons, & autres leuées dont noz Commiſſions ſeront enuoyées en meſme temps, affin de coupper chemin aux grands abus que commettent bien souuent ceulx qui sont employez au departement de noz deniers, n'obseruans à toutes lesdictes leuées le pied par eulx pris pour la grande Taille, dont naissent infinis procés; A la charge de particulariser apres l'arresté dudict Roolle ce que les parroisses porteront, tant de chacune nature desdictes impositions, que des gaiges, droicts d'officiers, & fraiz d'assiette, ny payer par les antiens & nouueaux acquereurs aucun droict de marc d'or, encores moins de faire registrer leurs contractz au Greffe des Tresoriers de France ny prendre attache d'eulx, n'y les antiens acquereurs s'ils se rendent adjudicataires des mesmes offices qu'ils possedent tenus ny leurs commis à nouuelle prestation de serment, ny pour ce payer aucune chose, dont nous les auons deschargez tant par arrest de nostre Conseil d'Estat, & Lettres patentes dés quatorziesme & seiziesme Iuillet dernier, que par ces presentes. Voulans que les reuentes desdicts offices qui seront par vous ainsi faictes, soyent de tel effect force & vertu que si c'estoit en nostre Conseil, lesquelles nous auons dés à present vallidées & ratiffiées, vallidons & ratiffions par ces presentes, Et d'autant que vous ne pourriez tiez vacquer en tous les lieux & endroicts de nosdictes Generalitéz de Rouen & Caen à l'execution de nostre presente Commission si promptement que nous le desirerions, & qu'il est requis pour le bien de nostre seruice, aussi qu'il pourra estre beaucoup plus auantageux pour nous, & commode aux parties de reuendre sur les lieux lesdicts offices. VOVS auons à ces fins donné & donnons pouuoir de commettre & subdeleguer, soit par Generalitéz où Eslections tels des officiers d'iceulx, où autres que vous aduiserez pour proceder à la reuente desdicts offices, auec le mesme ordre, pouuoir, & auctorité que nous vous auons donné, & celuy qui leur sera par vous prescript, que nous auons dés à present validé & ratiffié validons & ratiffions par ces presentes. Prommettans en foy & parolle de Roy, auoir pour agreable tenir ferme & stable tout ce qui sera par vous & vosdicts subdeleguez sur ce faict, geré, & negotié en execution de nosdictes Lettres, Declarations, Arrests & Reglemens de nostre Conseil, Ensemble des presentes circonstances & dependances, sans souffrir ny permettre y estre contreuenu. Et estans aussi besoing pour l'execution d'icelles, que vous ayez vn Greffier qui ſoit verſé & ayt l'experience neceſſaire en tel cas, NOVS deuëment informéz de la ſuffiſance & experience de noſtre cher & bien amé Maiſtre Eſtienne de Fieulx, Controlleur general de noſtre domaine en la generalité de Soiſſons, L'auons commis & ordonné en ladicte charge de Greffier, auec pouuoir de commettre en icelle tant prés de vous que de voſdicts ſubdeleguez perſonne capable, pour exercer ladicte charge, auquel & à voſdicts ſubdeleguez, Huiſſiers, Sergens, & autres perſonnes qui ſeront employez en vertu de voz Ordonnances à l'effect & execution de ces preſentes, ſera par vous faict taxe de leurs eſcritures, journées, & vaccations raiſonnables, ainſi que vous aduiſerez en voz loyautez & conſciences. Cõme au ſemblable voſdicts ſubdeleguez feront taxe auſdicts Commis, Greffiers, Sergent, & autres employez ſoubz eulx: & pour vos journées & vaccations il en ſera par nous faict taxe en noſtre Conſeil, Pour ſubuenir au payement deſquelles ordonnons que les nouueaux adjudicataires & acquereurs deſdicts offices, payeront vn ſold pour liure de la ſomme à laquelle montera le pris de leur adjudication, ainſi qu'il à esté faict lors l'establissement desdicts offices, DE CE FAIRE, vous donnons pouuoir, commission, & mandement special. MANDONS à tous nos autres Iusticiers, Officiers & subjectz, qu'a vous & à vosdicts subdeleguez en ce faisant ils obeissent, donnent conseil, confort, & ayde, en ce que par vous & vosdicts subdeleguez ils seront requis : & aux Greffiers desdictes Eslections de vous deliurer les assiettes, departemens, roolles des parroisses desdictes leuées de la presente année, & generallement tous autres actes qu'ils ont en leur pocession & dont ils seront requis : lesquelles ne pourront neantmoins estre retenuës que huict iours au plus, affin d'exposer lesdicts offices en reuente sur le pied des susdictes leuées & impositions, à quoy lesdicts Greffiers mesmes les Esleuz qui s'en trouueront chargez, seront contrainčts comme pour noz propres deniers & affaires par le premier Huissier où Sergent sur ce requis, auquel de ce faire donnons pouuoir, & tant pour l'execution de nostredicte declaration, arrests, & reglemens susdicts, que de vos ordõnances, & choses en dependantes faire tous exploictz, contrainctes, & executions pour ce necessaires : sans demander aucun placet, visa, ny pareatis, Nonobstant aussi oppositions où appellations quelsconques, & sans prejudice d'icelles, la cognoissance desquelles nous auons interdicte & deffenduë à toutes nos Cours de Parlement, Chambre des Comptes, Cour des Aydes, Tresoriers de France, & autres Iuges quelsconques, & icelle reseruée à nous & a nostre Conseil, Et pour ce que des presentes on pourra auoir affaire en diuers lieux : Nous voulons qu'au vidimus d'icelles faict soubz scel Royal, où collationné par l'vn de noz améz & feaulx Conseillers Notaire & Secretaire, foy soit adjoustée comme au present original, Nonobstant quelsconques ordonnances, restrinctions, mandemens, deffences, Clameur de haro, prise à partie, & lettres a ce contraires : CAR TEL est nostre plaisir. DONNE' a Paris, le dixiesme iour de Mars, mil six cens vingt-deux, Et de nostre regne le douziesme. Signé, LOVIS. Et plus bas, Par le Roy, De Lomenie, Et scellé du grand scel en cire jaune.

Registrées en la Cour des Aydes en Normandie,

suiuant l'arrest d'icelle, du dixhuictiesme iour de Iuing mil six cens vingt-deux. Signé, Foubert. commis.

LOVIS PAR LA GRACE DE DIEV, ROY DE FRANCE ET DE NAVARRE, Au premier nostre Huissier ou Sergent sur ce requis, Salut. Ayant par nostre Edict du mois de Ianuier dernier ordonné la reuente des Offices de Commissaires des Tailles, & impost du Sel en ce Royaume, & desirant pour certaines causes & considerations, que suyuant l'Arrest de nostre Conseil du dixneufiesme Ianuier mil six cens dix sept, les acquereurs desdicts Offices soient deschargez du payement du droict de Marc d'or, Nonobstant autre Arrest depuis interuenu en nostredict Conseil du troisiesme Mars dernier, portant que tous proprietaires & possesseurs d'Offices domaniaux & hereditaires seroient contraincts à le payer, Nous te mandons & commandons par ces presentes faire expresses inhibitions & defenses au Tresorier dudict Marc d'or, ses Commis, & autres qu'il appartiendra, de poursuiure ny contraindre au payement dudict Marc d'or, les anciens acquereurs desdicts Offices de Commissaires des Tailles & impost du Sel, ny ceux qui s'en rendront adjudicataires en vertu de l'Edict de ladicte reuente, à peine de tous despens, dommages & interests, & d'estre contraincts à la restitution de ce qu'ils en auront touché en leurs propres & priuez noms, comme pour nos deniers & affaires. De ce faire, Te donnons pouuoir, sans demander Visa ne pareatis. Et d'autant que des presentes l'on pourroit auoir affaire en diuers lieux, Nous voulons qu'au Vidimus d'icelles deuëment collationnées, foy ſoit adiouſtée comme à l'original : Car tel eſt noſtre plaiſir. Donné au Camp de Bergerac le quatorzieſme iour de Iuillet, l'an de grace mil ſix cens vingt-vn; Et de noſtre regne le douzieſme, Ainſi ſigné, LOVIS. Et plus bas par le Roy, de Lomenie. Et à coſté ſigné en queüe, de Caſtille. Et ſcellé du grand ſcel de cire iaulne.

www.ingramcontent.com/pod-product-compliance
Ingram Content Group UK Ltd.
Pitfield, Milton Keynes, MK11 3LW, UK
UKHW020233180726
13838UKWH00005B/2363

9 782329 421209